I0844181

# L'Univers des Sneakers

## Thomas / Satch

# Chapitre 1

# Introduction

Le monde des sneakers : une passion qui transcende les générations

Depuis leur origine en tant que chaussures de sport fonctionnelles, les sneakers ont évolué pour devenir bien plus qu'un simple ' accessoire' . Elles sont devenus un symbole de style, une déclaration d'appartenance à une communauté et une passion partagée par des millions de personnes à travers le monde. Dans ce chapitre introductif, nous allons explorer l'univers des sneakers et la fascination qu'elles exercent sur les passionnés.

Les sneakers ont réussi à transcender les générations, à unir les amateurs de sport, les passionnés de Fashion et les amateurs de Streetwear. Qu'il s'agisse des célèbres Air Jordan qui ont conquis les terrains de basket-ball dans les années 80,  avec son plus grand acteur et membre des Chicago Bulls, le célèbre Michael Jordan, ou des modèles plus récents comme les Yeezys de Kanye West, les sneakers ont la capacité de traverser les époques et de s'adapter aux évolutions de la mode et des tendances.

Pour certains, la passion pour les sneakers est née de l'amour du sport. Les sneakers offrent un confort, une performance et une technologie qui améliorent les performances athlétiques. Mais au-delà de leur fonctionnalité, les sneakers ont gagné une place importante dans la culture populaire. Elles sont devenus un moyen de s'exprimer, de se démarquer et de revendiquer un style unique.

En tant que passionné de sneakers moi-même, je peux vous dire à quel point il existe un engouement autour de ces chaussures. Chaque nouvelle sortie est un événement à ne pas manquer, et l'excitation de posséder une paire exclusive ou limitée est indescriptible. Les sneakers font partie intégrante de ma garde-robe, et choisir la bonne paire pour compléter une tenue est un exercice de style en soi. En effet, l'univers des Sneakers m'a intéressé au moment où j'ai su qu'il existait des paires de chaussures avec des styles uniques; en collaboration avec des Stars mondiales comme Travis Scott ou encore Pharrell Williams ou même designés par des professionnels comme Salehe Bembury ou le célèbre et regrèté Virgil Abloh.

Mais cette passion, elle ne se limite pas à l'aspect matériel des sneakers. C'est aussi une communauté dynamique, composée de collectionneurs, d'amateurs, de blogueurs et d'influenceurs qui partagent leurs connaissances, leurs avis et leurs découvertes. Les réseaux sociaux ont joué un rôle majeur dans la création de cette communauté mondiale, permettant aux passionnés de se connecter, de discuter et de partager leur amour des sneakers.

Au fil des pages de ce livre, nous explorerons ensemble l'histoire fascinante des sneakers, depuis leurs modestes débuts jusqu'à leur place incontournable dans la mode et la culture contemporaines. Nous découvrirons les créations emblématiques, les collaborations légendaires et les tendances qui ont marqué l'évolution des sneakers. Nous plongerons également dans l'impact culturel des sneakers, leur rôle dans la musique, la mode, et leur capacité à susciter des émotions et des souvenirs chez ceux qui les portent.

Que vous soyez déjà un passionné de sneakers ou que vous souhaitiez simplement en savoir plus sur ce phénomène culturel, ce livre vous emmènera dans un voyage captivant à travers l'univers des sneakers. Préparez-vous à découvrir l'histoire, l'art et la passion qui se cachent derrière ces chaussures iconiques.

# Chapitre 2

# Les Premières Apparitions

Les origines modestes des sneakers : des chaussures de sport aux chaussures de mode

Dans les années 1900, les premières baskets modernes ont fait leur apparition. En 1917, la marque 'Converse' a lancé les légendaires "Converse All-Stars" (plus tard renommées "Chuck Taylor All-Stars"), qui sont devenues les premières sneakers à succès commercial. Initialement conçues pour le basket-ball, ces chaussures en toile légères et flexibles sont rapidement devenues populaires dans d'autres sports et ont transcendé leur utilisation athlétique.

L'année 1924 a marqué un tournant majeur avec la création des chaussures Adidas par Adolf Dassler en Allemagne. Il a introduit des innovations telles que des crampons amovibles pour les chaussures de football, ce qui a révolutionné les performances sur le terrain. Adidas est rapidement devenue une marque de renommée mondiale, associée à des athlètes de haut niveau et à des équipes sportives prestigieuses

Dans les décennies qui ont suivi, d'autres marques emblématiques ont vu le jour et ont contribué à façonner l'industrie des sneakers. Nike, fondée en 1964, est devenue une force dominante grâce à son innovation technologique et à ses campagnes de marketing percutantes. Puma, Reebok et New Balance sont également devenues des acteurs majeurs de l'industrie, chacune avec son identité distincte et sa clientèle fidèle.

Les sneakers sont progressivement sorties du domaine strictement sportif pour devenir un élément de mode à part entière. Dans les années 1970 et 1980, des sous-cultures comme le hip-hop et le punk ont adopté les sneakers comme un élément essentiel de leur style. Les sneakers sont devenues un symbole de rébellion et de contre-culture, portées par des artistes et des musiciens emblématiques.

Aujourd'hui, les sneakers ne se limitent plus à leur fonctionnalité d'origine. Elles sont devenus des objets de collection, des objets de désir et des déclarations de mode. Les marques rivalisent d'innovation pour créer des modèles uniques, des collaborations exclusives et des éditions limitées qui suscitent l'engouement des passionnés de sneakers.

Dans le prochain chapitre, nous explorerons plus en détail les créations emblématiques qui ont marqué l'histoire des sneakers, ainsi que les collaborations légendaires qui ont contribué à leur ascension vers la culture                                        populaire.

# Chapitre 3

# La Création des Icônes

Les collaborations célèbres entre les marques de sneakers et les personnalités du sport, de la musique et de la mode

Au fil des années, les sneakers ont connu des collaborations emblématiques avec des personnalités influentes du sport, de la musique et de la mode. Ces collaborations ont souvent donné naissance à des modèles uniques et convoités, devenant ainsi des pièces incontournables dans l'industrie des sneakers.

L'une des premières collaborations notables remonte à 1984, lorsque Nike a lancé les Air Jordan en partenariat avec le légendaire basketteur Michael Jordan. Les Air Jordan sont rapidement devenues une icône de la culture sneakers, associant performances de haut niveau et style audacieux. Chaque nouvelle édition des Air Jordan suscite une envie  chez les collectionneurs et les amateurs de se les procurer.

Dans les années 2000, les collaborations ont connu un essor majeur. Nike a lancé sa ligne "Nike SB" en collaboration avec des Skateurs professionnels, créant ainsi des modèles exclusifs destinés à la pratique du skateboard. Des marques de Streetwear telles que Supreme, Palace et BAPE ont également collaboré avec des marques de sneakers pour créer des éditions limitées et des designs uniques.

Les collaborations entre les marques de sneakers et les musiciens ont également joué un rôle majeur dans l'ascension des sneakers vers la culture populaire. Kanye West est l'un des artistes les plus influents dans ce domaine. En 2009, il a collaboré avec Nike pour lancer les Air Yeezy, une ligne de sneakers devenue extrêmement populaire et très recherchée. Par la suite, Kanye West a signé un partenariat avec Adidas pour créer la ligne Yeezy, qui est devenue l'une des collaborations les plus réussies et les plus influentes de l'histoire des sneakers.

Les collaborations ne se limitent pas aux personnalités du sport et de la musique. Les marques de sneakers ont également travaillé avec des créateurs de mode renommés pour créer des collections innovantes. Par exemple, Nike a collaboré avec le créateur japonais Jun Takahashi pour lancer la ligne Undercover, mêlant style avant-gardiste et technologies de pointe. Ainsi que New Balence avec le designer anglais Aimé Leon Dore pour un modèle de 1906D magnifique . De même, Adidas a collaboré avec le créateur belge Raf Simons pour créer des modèles audacieux et expérimentaux.

Ces collaborations entre marques de sneakers et personnalités influentes ont contribué à élever les sneakers au rang d'objets de désir. Les éditions limitées et les designs uniques résultant de ces partenariats suscitent une demande immense et créent une véritable frénésie lors des lancements.

Les collectionneurs et les amateurs se précipitent pour obtenir ces modèles exclusifs, souvent prêts à faire la queue pendant des heures, voire à payer des prix exorbitants sur le marché de la revente. Car la plupart des acheteurs ne les achètent par pour les porter ou les collectionner mais pour les revendre un à prix exorbitant pour les paires les plus rares .

Les collaborations entre marques de sneakers et personnalités sont devenues une véritable vitrine de la créativité et de l'innovation dans l'industrie des sneakers. Elles ont également renforcé l'influence des sneakers dans la culture populaire, en les positionnant comme des objets de mode et de style à part entière.

Dans le prochain chapitre, nous explorerons les évolutions technologiques qui ont façonné les designs et les performances des sneakers, ainsi que les modèles emblématiques qui ont marqué l'histoire des sneakers.

# Chapitre 4

# Le phénomène de la vente de sneakers

L'émergence des boutiques spécialisées et des sites de vente en ligne dédiés aux sneakers

Au fil des années, le marché des sneakers s'est développé de manière exponentielle, générant un phénomène de vente unique et passionnant. L'émergence des boutiques spécialisées et des sites de vente en ligne dédiés aux sneakers, comme la compagnie française WeTheNew ou d'autre internationale comme StockX, a joué un rôle crucial dans la croissance et l'accessibilité de cette industrie.

Les boutiques spécialisées dans les sneakers sont devenues des destinations incontournables pour les passionnés et les collectionneurs. Ces magasins proposent une sélection minutieuse de modèles, mettant en valeur des marques emblématiques et des collaborations exclusives. Ils offrent une expérience d'achat unique, avec un service personnalisé et une atmosphère immersive pour les amateurs de sneakers.

En parallèle, l'avènement d'Internet a transformé la façon dont les sneakers sont achetées et vendues. Les sites de vente en ligne dédiés aux sneakers ont permis aux passionnés du monde entier d'accéder à une gamme étendue de modèles et de collaborations. Des plates-formes populaires telles que WeTheNew, StockX, GOAT et SNKRS ont facilité l'achat et la revente de sneakers, créant un marché mondial en ligne.

Un aspect clé du phénomène de vente des sneakers est la sortie de modèles limités ou de collaborations exclusives. Ces sorties, également appelées "drops", suscitent une excitation et une demande extrême parmi les amateurs de sneakers. Les marques annoncent souvent ces sorties avec un marketing soigneusement réalisé, créant un sentiment de rareté. Les passionnés sont prêts à faire la queue devant les magasins ou à se connecter rapidement sur les sites en ligne pour tenter de sécuriser une paire.

Cependant, cette demande intense peut également entraîner des défis et des frustrations. Les quantités limitées de certaines éditions rendent l'obtention des sneakers convoitées difficile, conduisant parfois à des files d'attente interminables devant les boutiques physiques ou à des enchères compétitives en ligne.

Certains passionnés se tournent alors vers le marché de la revente pour obtenir les paires qu'ils désirent, mais cela peut entraîner une augmentation significative des prix.

Le marché de la revente des sneakers est devenu une industrie à part entière, avec des prix qui peuvent varier considérablement en fonction de la rareté, de la demande et de la popularité des modèles.

Les sites de revente en ligne offrent une plate-forme où les acheteurs et les vendeurs peuvent négocier et finaliser des transactions.

Cette économie secondaire a ses avantages et ses inconvénients, offrant à certains l'opportunité d'obtenir des modèles rares, tandis que d'autres peuvent se sentir exclus de l'accès à ces sneakers en raison des prix élevés.

Par exemple une paire de Nike avec le modèle Dunk Low SB en collaboration avec l'artiste américain Travis Scott, pouvait être acheté au prix de 119€ sur les sites constructeurs mais suite à la forte demande son prix s'est littéralement envolé pour atteindre le prix faramineux de 2200€

En résumé, l'émergence des boutiques spécialisées et des sites de vente en ligne dédiés aux sneakers a considérablement influencé le marché de la vente de sneakers.

Les drops de modèles limités, l'excitation des sorties et le marché de la revente ont créé une dynamique unique et passionnante pour les passionnés.

Cependant, cela a également soulevé des questions de disponibilité, de rareté et d'accès équitable aux sneakers convoitées.

Dans le prochain chapitre, nous explorerons l'impact des sneakers sur la mode, en examinant comment ils ont révolutionné les codes vestimentaires et sont devenus une expression de style à part entière.

# Chapitre 5

# Les sneakers et la mode

# L'influence des sneakers sur les défilés de mode et les tendances de la rue

Les sneakers ont connu une ascension fulgurante dans l'industrie de la mode, révolutionnant les codes vestimentaires. Autrefois réservées aux terrains de sport, les sneakers se sont infiltrées dans les défilés de mode et ont conquis les podiums, influençant les tendances de la rue.

L'une des raisons de l'essor des sneakers dans la mode est leur polyvalence. Elles peuvent être portés avec une variété de tenues, allant des ensembles décontractés aux looks plus sophistiqués.
Les designers et les stylistes ont exploité cette polyvalence en intégrant des sneakers dans leurs collections, créant un contraste audacieux et une fusion entre le Sportswear et l'élégance.

Les marques de luxe ont également reconnu le potentiel des sneakers comme élément de mode. Elles ont lancé leurs propres lignes de sneakers, combinant savoir-faire artisanal, matériaux haut de gamme et designs avant-gardistes.
Des collaborations entre marques de luxe et marques de sneakers ont également vu le jour, fusionnant deux univers distincts pour créer des modèles exclusifs et convoités.

Comme Louis Vuitton qui a lancé sa propre ligné de sneakers mais aussi étant apparue dans une collaboration avec Nike et le talentueux Virgil Abloh décédé il y a 2 ans . Dans cette collaboration nous pouvons retrouver un pack de Air Force 1 sous plusieurs coloris.

L'influence des sneakers sur la mode ne se limite pas aux podiums. Dans les rues des grandes villes du monde entier, les sneakers sont devenues une composante essentielle des looks urbains. Des sous-cultures telles que le Streetwear et le hip-hop ont adopté les sneakers comme un symbole de style et de revendication.

Les sneakers ont transcendé les frontières socio-économiques et culturelles, devenant un langage universel de la mode.

La tendance des "sneakers blanches" est devenue emblématique de cette influence. Les sneakers entièrement blanches, minimalistes et épurées, sont devenues un incontournable des tenues décontractées et chic.

Elles peuvent être associées à une tenue habillée pour apporter une touche de décontraction, ou portées avec un jean et un t-shirt pour un look urbain et moderne.

L'influence des sneakers va au-delà des tenues de tous les jours. Les sneakers sont également devenues une pièce maîtresse des tenues de soirée, brisant les conventions et ajoutant une touche de cool et de nonchalance à des ensembles formels.

Cette audace dans la mode a permis de repousser les limites des codes vestimentaires traditionnels et de célébrer l'individualité et l'expression de soi.
Enfin, les sneakers ont également trouvé leur place dans le monde de la mode durable et responsable. De plus en plus de marques se tournent vers des matériaux écologiques et des pratiques de production éthiques pour créer des sneakers respectueuses de l'environnement. Cette prise de conscience écologique dans l'industrie des sneakers reflète la demande croissante des consommateurs pour des produits durables et responsables.

En conclusion, les sneakers ont transformé la mode en intégrant les podiums, en influençant les tendances dans la rue et en défiant les normes vestimentaires traditionnelles.

Leur polyvalence, leur esthétique audacieuse et leur capacité à exprimer l'individualité en font un élément incontournable de la mode contemporaine. Les sneakers ont élargi les horizons de la créativité et ont contribué à redéfinir les règles de la mode.

# Chapitre 6

# L'impact culturel des sneakers

# Les sneakers dans la musique et la culture hip-hop

Les sneakers ont acquis une place centrale dans la culture populaire et ont exercé un impact significatif dans divers domaines, notamment dans la musique et plus particulièrement dans la culture hip-hop. Depuis des décennies, les sneakers sont profondément ancrées dans l'identité de la culture hip-hop, devenant un symbole de statut, de style et de revendication.

Dans les années 80, le hip-hop est émergé comme un mouvement culturel dynamique, combinant musique, danse, art et mode. Les sneakers sont rapidement devenues une composante essentielle de ce mouvement, portées par les artistes sur scène et dans les clips vidéo. Les sneakers étaient perçues comme un signe d'authenticité et de représentation de la culture hip-hop.

Des artistes emblématiques tels que Run-D.M.C. ont joué un rôle majeur dans la popularisation des sneakers dans le monde du hip-hop. Leur single "My Adidas" en 1986 a été un véritable hymne à la marque, et la collaboration entre Run-D.M.C. et Adidas a marqué un tournant dans l'industrie des sneakers. Ils ont ouvert la voie à des partenariats entre marques de sneakers et artistes hip-hop, donnant naissance à des éditions limitées et des designs exclusifs.

Au fil des années, les sneakers sont devenues un moyen pour les artistes hip-hop de faire des déclarations de style audacieuses et de représenter leur identité artistique. Les sneakers rares, les collaborations spéciales et les éditions limitées sont devenues des pièces de collection convoitées par les amateurs de hip-hop et de sneakers.

En dehors du hip-hop, les sneakers ont également influencé d'autres genres musicaux. Des artistes pop, rock et R&B ont intégré les sneakers dans leurs looks et ont contribué à populariser leur port dans la culture populaire.
Des icônes de la musique telles que Pharrell Williams, Kanye West et Rihanna ont également lancé leurs propres lignes de sneakers et ont utilisé leur influence pour façonner les tendances.

Outre la musique, les sneakers ont influencé de nombreux autres aspects de la culture populaire. Des films et des séries télévisées, tels que "Back to the Future" avec les légendaires Nike Air Mag, ont contribué à leur popularisation. Les sneakers sont devenus des accessoires clés dans l'industrie du sport, portés par des athlètes professionnels et devenant des symboles de performance et de succès.

La communauté des passionnés de sneakers a également joué un rôle important dans l'impact culturel des sneakers. Les événements et les conventions dédiées aux sneakers sont organisés dans le monde entier, réunissant des collectionneurs, des amateurs et des fans pour célébrer leur passion commune. Les réseaux sociaux ont permis à cette communauté de se connecter, d'échanger des conseils, de partager des photos de leur collection et de rester à l'affût des dernières tendances.

En conclusion, les sneakers ont laissé une empreinte indéniable dans la culture populaire, en particulier dans la musique et la culture hip-hop. En tant que symboles de statut, de style et d'authenticité, les sneakers sont devenues une forme d'expression artistique et un moyen de revendiquer son identité culturelle.

Leur influence s'étend bien au-delà de la musique, touchant la mode, le sport et divers aspects de la culture contemporaine.

# Chapitre 7

# La collection et le point de vue du passionné

# Les motivations derrière la collection de sneakers

Les collectionneurs de sneakers sont des passionnés qui recherchent et acquièrent des modèles rares, exclusifs et emblématiques. Dans ce chapitre, nous explorerons les motivations qui se cachent derrière cette passion et partagerons le point de vue d'un passionné de sneakers, à savoir le mien.

La collection de sneakers peut être motivée par divers facteurs. Tout d'abord, il y a l'appréciation esthétique. Les sneakers sont des objets de design, combinant différents éléments tels que les couleurs, les matériaux, les motifs et les détails. Les collectionneurs sont attirés par la beauté et l'esthétique des modèles, les considérant comme de véritables œuvres d'art à collectionner et à exposer.

Ensuite, il y a l'aspect historique et culturel des sneakers. Chaque modèle a une histoire unique, liée à son créateur, à son inspiration et à l'époque à laquelle il a été lancé. Les collectionneurs apprécient la valeur historique et la signification culturelle de chaque paire, cherchant à préserver et à célébrer cette mémoire.

La rareté est également un facteur clé. Les éditions limitées, les collaborations exclusives et les modèles vintage sont des 'Graals' pour les collectionneurs. La quête de ces modèles rares est motivée par le désir d'avoir une pièce unique, difficile à obtenir et à posséder. Cela crée une excitation et une satisfaction lorsqu'ils sont enfin ajoutés à la collection.

Pour de nombreux passionnés de sneakers, la collection est également un moyen de se connecter avec une communauté partageant les mêmes intérêts. Les rencontres, les échanges et les discussions avec d'autres passionnés de sneakers permettent de nourrir cette passion commune et d'apprendre des uns et des autres.

Les collectionneurs partagent souvent leurs connaissances, leurs astuces d'achat et leurs histoires personnelles liées aux sneakers.

En tant que passionné de sneakers, je peux dire à quel point le fait de posséder et terminer une collection de sneakers procure une joie et une satisfaction énorme.

Chaque nouvelle paire apporte un sentiment d'accomplissement et d'excitation. Choisir les modèles à ajouter à la collection, les exposer et les entretenir devient un rituel, une façon de chérir et de préserver ces objets précieux. Le fait, aussi de réussir à se procurer une paire mythique ou rare procure un effet d'accomplissement immense pour soi

Cependant, la collection de sneakers n'est pas sans défis. La demande élevée, la rareté des modèles et les prix parfois exorbitants peuvent rendre l'acquisition de certaines paires difficile. La recherche, la patience et parfois même la compétition sont des éléments inévitables de cette passion. Il est important pour les collectionneurs de rester fidèles à leurs propres intérêts et de ne pas se laisser emporter par la 'Hype' ou la pression de la communauté.

En conclusion, la collection de sneakers est une passion qui combine esthétique, histoire, rareté et communauté. Les collectionneurs de sneakers trouvent une satisfaction dans la quête de modèles uniques et exclusifs, et dans la préservation de l'histoire et de la culture qui les entourent. La collection de sneakers devient une manière de s'exprimer, de se connecter avec les autres passionnés et de préserver un héritage culturel et esthétique.

Pour ma part j'ai commencé à m'intéresser aux sneakers
au moment où je voyais tout le monde avec les mêmes
chaussures , des Air Force 1 ou des Stan Smith , c'est à
ce moment là que j'ai cherché des chaussures rares avec
un style unique afin de me démarquer et de montrer
mes véritables goûts .

J'ai commencé à regarder des Youtubers centré sur ce
domaine , fréquenter des blogs et acheter et
collectionner les paires les plus rares sur les sites
spécialisés comme SNKRS pour Nike , Adidas
CONFIRMED pour Adidas et même pour des Yeezy ou
sinon sur les sites officiels tels que New Balance ou
Asics.

# Conclusion


## Une passion qui perdure

La passion pour les sneakers est bien plus qu'une simple tendance éphémère. Elle transcende les générations, les frontières et les domaines culturels. Des modestes débuts en tant que chaussures de sport fonctionnelles à leur place incontournable dans la mode et la culture contemporaines, les sneakers ont conquis les cœurs et les pieds des passionnés du monde entier.

Ce voyage à travers l'univers des sneakers nous a permis de découvrir leur histoire fascinante, depuis les premières apparitions sur les terrains de sport jusqu'à leur rôle influent dans la mode et la culture. Nous avons exploré les créations emblématiques, les collaborations légendaires, les évolutions technologiques et l'impact culturel des sneakers.

Les sneakers ont une capacité unique à raconter des histoires. Chaque paire est le résultat d'un mélange subtil d'innovation, de style et d'influences culturelles. Elles sont un moyen pour les passionnés d'exprimer leur individualité, leur amour du sport, leur sens du style et leur appartenance à une communauté.

La collection de sneakers est bien plus qu'un simple acte d'acquisition. C'est une passion qui nécessite recherche, patience et engagement. Les collectionneurs de sneakers sont motivés par l'esthétique, l'histoire, la rareté et la connexion avec d'autres passionnés.

Les sneakers ont également étendu leur influence au-delà de la mode et du sport, laissant leur empreinte dans la musique, la culture hip-hop et d'autres domaines de la culture populaire. Elles sont devenues un symbole de statut, de style et de revendication.

Alors que l'industrie des sneakers continue de se développer et d'évoluer, de nouveaux designs, collaborations et technologies voient le jour. Les passionnés de sneakers peuvent s'attendre à de nouvelles découvertes, de nouveaux lancements et de nouvelles façons de célébrer leur amour des sneakers.

Que vous soyez un passionné de longue date ou que vous découvriez tout juste l'univers des sneakers, cette passion perdurera. Les sneakers continueront d'occuper une place spéciale dans la mode, la culture et le cœur des amateurs.

*Alors, enfilez vos sneakers préférées, exprimez-vous et faites partie de cette communauté mondiale de passionnés de sneakers.*

# Épilogue
# Mes Sneakers
# Préférées

### *Nike Dunk Low SB Travis Scott*
Cette paire est tout simplement magnifique , elle a un design unique en collaboration avec Travis Scott mais malheureusement coûte extrêmement chère ( 2200 € )

## *New Balance 2002R Artic Grey 'Protection Pack'*

Cette paire est elle aussi tellement belle avec des nuances de bleus et de gris


## *Nike Dunk Low SP Undefeated 5 On It Black*

Cette paire est très jolie avec un style très épuré de noir et une semelle grise

www.ingramcontent.com/pod-product-compliance
Lightning Source LLC
Chambersburg PA
CBHW060907260726

48661CB00008B/3507